말씀이 이끄는 신앙
성령의 인도하심 따라

말씀이 이끄는 신앙

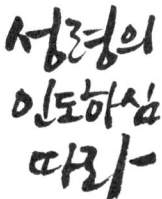
성령의 인도하심 따라

ⓒ김영길 Printed in Seoul
2024년 09월 30일 초판 발행

지은이   김영길
발행인   김환종
편집인   김수지
펴낸곳   도서출판 갓골
등록번호 제 301-2016-186호(2016.5.8)

주소   서울 중구 퇴계로 45길 12(충무로 5가 2층)
전화   02-2266-0284
팩스   02-2266-8097
메일   samaad@hanmail.net

값 10,000원

ISBN 979-11-87424-30-7

이 출판물은 저작권법에 의해 보호를 받는 저작물이므로
무단 복제 할 수 없습니다. 잘못된 책은 교환해 드립니다.

말씀이 이끄는 신앙

성령의 인도하심 따라

도서출판 갓골 GOD home

머 리 말

　우리가 세례로 그리스도와 함께 장사되고 또 죽은 자들 가운데서 그를 일으키신 하나님의 역사를 믿음으로 말미암아 그 안에서 함께 일으키심을 받았느니라 이제 우리는 나를 사랑하사 나를 위하여 자기 자신을 버리신 하나님의 아들을 믿는 믿음 안에서 사는 것이라

　형제자매님은 예수님을 인격적으로 만났습니까 예수님을 인격적으로 만난 성도님들은 너무나 많습니다 예수님을 인격적으로 만나게 되는 것은 성도님들의 형편과 처지에 따라

각각 다르다고 볼 수 있습니다 성도님들 개개인에 따라 인생의 벼랑끝에서, 인생의 광야에서, 죄악된 삶의 정점에서 등등 여러 환경과 처지에서 만나게 된 간증들이 있지만 대다수의 성도님들은 하나님 앞에 무릎 꿇고 죄를 자백하고 통회 자복할 때에 예수님을 인격적으로 만났다고 합니다

　이제 우리 성도님들 한 분 한 분이 하나님 앞에 무릎 꿇고 죄를 자백하고 통회 자복하며 끊임없이 기도하여 예수님을 인격적으로 만나는 주님의 은혜가 있기를 기원합니다

기록자 김영길

목 차

머리말 04

1. 예배 08
2. 기도 12
3. 찬양 18
4. 회개 21
5. 세례 25
6. 성령 29
7. 거듭남 33
8. 성령의 인도함을 받는 삶 36
9. 성령이 하나 되게 하신 것 40
10. 예수님의 지상사역 43
11. 복음 48
12. 복음 전파 52
13. 사울이 주님을 만나 바울이 되다 56
14. 믿음 59
15. 섬김 63

16. 구원	67
17. 성경	71
18. 진리	75
19. 십자가의 도	78
20. 이기는 자	82
21. 사랑	86
22. 가장 큰 계명	90
23. 자기를 부인하고	93
24. 나는 포도나무요 너희는 가지라	96
25. 잃은 아들을 되찾은 아버지 비유	99
26. 에녹과 요셉	102
27. 비판하지 말라	104
28. 올바른 지식을 따른 것이 아니니라	106
29. 부활	108
30. 재림	110

1. 예배

• 영과 진리로 예배하다

23 아버지께 참되게 예배하는 자들은 영과 진리로 예배할 때가 오나니 곧 이 때라 아버지께서는 자기에게 이렇게 예배하는 자들을 찾으시느니라
24 하나님은 영이시니 예배하는 자가 영과 진리로 예배할지니라 (요4:23~24)

• 믿음으로 예배하다

믿음이 없이는 하나님을 기쁘시게 하지 못하나니 하나님께 나아가는 자는 반드시 그가 계신 것과 또한 그가 자기를 찾는 자들에게 상 주시는 이심을 믿어야 할지니라 (히11:6)

---

3 세월이 지난 후에 가인은 땅의 소산으로 제물을 삼아 여호와께 드렸고
4 아벨은 자기도 양의 첫 새끼와 그 기름으로 드렸더니 여호와께서 아벨과 그의 제물은 받으셨으나
5 가인과 그의 제물은 받지 아니하신지라 (창4:3~5)

믿음으로 아벨은 가인보다 더 나은 제사를 하나님께 드림으로 의로운 자라 하시는 증거를 얻었으니 하나님이 그 예물에 대하여 증언하심이라 그가 죽었으나 그 믿음으로써 지금도 말하느니라 (히11:4)

가인같이 하지 말라 그는 악한 자에게 속하여 그 아우를 죽였으니 어떤 이유로 죽였느냐 자기의 행위는 악하고 그의 아우의 행위는 의로움이라 (요일3:12)

---

7 여호와께서 아브람에게 나타나 이르시되 내가 이 땅을 네 자손에게 주리라 하

신지라 자기에게 나타나신 여호와께 그가 그곳에서 제단을 쌓고
8 거기서 벧엘 동쪽 산으로 옮겨 장막을 치니 서쪽은 벧엘이요 동쪽은 아이라 그가 그곳에서 여호와께 제단을 쌓고 여호와의 이름을 부르더니 (창12:7~8)

그러므로 형제들아 내가 하나님의 모든 자비하심으로 너희를 권하노니 너희 몸을 하나님이 기뻐하시는 거룩한 산 제물로 드리라 이는 너희가 드릴 영적 예배니라 (롬12:1)

만일 우리가 우리 죄를 자백하면 그는 미쁘시고 의로우사 우리 죄를 사하시며 우리를 모든 불의에서 깨끗하게 하실 것이요 (요일1:9)

2. 기도

· 성령으로 기도하다

사랑하는 자들아 너희는 너희의 지극히 거룩한 믿음 위에 자신을 세우며 성령으로 기도하며 (유1:20)

· 성령 안에서 기도하다

모든 기도와 간구를 하되 항상 성령 안에서 기도하고 이를 위하여 깨어 구하기를 항상 힘쓰며 성도를 위하여 구하라 (엡6:18)

오직 믿음으로 구하고 조금도 의심하지 말라 (약1:6)

그런즉 너희는 먼저 그의 나라와 그의 의를 구하라 그리하면 이 모든 것을 너희에게 더하시리라 (마6:33)

· 기도에 대한 가르침

그러므로 내가 첫째로 권하노니 모든 사람을 위하여 간구와 기도와 도고와 감사를 하되 (딤전2:1)

아무 것도 염려하지 말고 다만 모든 일에 기도와 간구로, 너희 구할 것을 감사함으로 하나님께 아뢰라 (빌4:6)

너는 내게 부르짖으라 내가 네게 응답하겠고 네가 알지 못하는 크고 은밀한 일을 네게 보이리라 (렘33:3)

성령의 인도하심 따라

그러므로 내가 너희에게 말하노니 무엇이든지 기도하고 구하는 것은 받은 줄로 믿으라 그리하면 너희에게 그대로 되리라 (막11:24)

26 이와 같이 성령도 우리의 연약함을 도우시나니 우리는 마땅히 기도할 바를 알지 못하나 오직 성령이 말할 수 없는 탄식으로 우리를 위하여 친히 간구하시느니라
27 마음을 살피는 이가 성령의 생각을 아시나니 이는 성령이 하나님의 뜻대로 성도를 위하여 간구하심이니라 (롬8:26~27)

너희가 기도할 때에 무엇이든지 믿고 구하는 것은 다 받으리라 하시니라 (마21:22)

9 내가 또 너희에게 이르노니 구하라 그러면 너희에게 주실 것이요 찾으라 그러면 찾아낼 것이요 문을 두드리라 그러면 너희에게 열릴 것이니
10 구하는 이마다 받을 것이요 찾는 이는 찾아낼 것이요 두드리는 이에게는 열릴 것이니라 (눅11:9~10)

너희가 악할지라도 좋은 것을 자식에게 줄 줄 알거든 하물며 너희 하늘 아버지께서 구하는 자에게 성령을 주시지 않겠느냐 하시니라 (눅11:13)

기도 외에 다른 것으로는 이런 종류가 나갈 수 없느니라 하시니라 (마9:29)

나는 너를 애굽 땅에서 인도하여 낸 여호와 네 하나님이니 네 입을 크게 열라 내가 채우리라 하였으나 (시81:10)

• 엘리야의 기도

아합이 먹고 마시러 올라가니라 엘리야가 갈멜 산 꼭대기로 올라가서 땅에 꿇어 엎드려 그의 얼굴을 무릎 사이에 넣고 (왕상18:42)

• 맹인 바디매오의 기도

나사렛 예수시란 말을 듣고 소리질러 이르되 다윗의 자손 예수여 나를 불쌍히 여기소서 하거늘 (막10:47)

• 베드로의 기도

바람을 보고 무서워 빠져 가는지라 소리 질러 이르되 주여 나를 구원하소서 (마 14:30)

• 다니엘의 기도

다니엘이 이 조서에 왕의 도장이 찍힌 것을 알고도 자기 집에 돌아가서는 윗방에 올라가 예루살렘으로 향한 창문을 열고 전에 하던 대로 하루에 세 번씩 무릎을 꿇고 기도하며 그의 하나님께 감사하였더라 (단6:10)

• 한나의 기도

10 한나가 마음이 괴로워서 여호와께 기도하고 통곡하며
11 서원하여 이르되 ~
15 ~ 여호와 앞에 내 심정을 통한 것뿐이오니 (삼상1:10~11, 15)

• 히스기야의 기도

2 히스기야가 얼굴을 벽으로 향하고 여호와께 기도하여
3 ~ 히스기야가 심히 통곡하니
5 너는 가서 히스기야에게 이르기를 네 조상 다윗의 하나님 여호와께서 이같이 말씀하시기를 내가 네 기도를 들었고 네 눈물을 보았노라 내가 네 수한에 십오

년을 더하고 (사38:2~3, 5)

· 바울의 기도

우리 주 예수 그리스도의 하나님, 영광의 아버지께서 지혜와 계시의 영을 너희에게 주사 하나님을 알게 하시고 (엡1:17)

15 이름을 주신 아버지 앞에 무릎을 꿇고 비노니
16 그의 영광의 풍성함을 따라 그의 성령으로 말미암아 너희 속사람을 능력으로 강건하게 하시오며 (엡3:15~16)

9 이로써 우리도 듣던 날부터 너희를 위하여 기도하기를 그치지 아니하고 구하노니 너희로 하여금 모든 신령한 지혜와 총명에 하나님의 뜻을 아는 것으로 채우게 하시고
10 주께 합당하게 행하여 범사에 기쁘시게 하고 모든 선한 일에 열매를 맺게 하시며 하나님을 아는 것에 자라게 하시고 (골1:9~10)

· 다윗의 기도

시86편

성령의 인도하심 따라

3. 찬양

이 백성은 내가 나를 위하여 지었나니 나를 찬송하게 하려 함이니라 (사43:21)

찬송하리로다 하나님 곧 우리 주 예수 그리스도의 아버지께서 그리스도 안에서 하늘에 속한 모든 신령한 복을 우리에게 주시되 (엡1:3)

이는 그가 사랑하시는 자 안에서 우리에게 거져주시는 바 그의 은혜의 영광을 찬송하게 하려는 것이라 (엡1:6)

이는 우리가 그리스도 안에서 전부터 바라던 그의 영광의 찬송이 되게 하려 하심이라 (엡1:12)

할렐루야 여호와의 이름을 찬송하라 여호와의 종들아 찬송하라 (시135:1)

여호와를 찬송하라 여호와는 선하시며 그의 이름이 아름다우니 그의 이름을 찬양하라 (시135:3)

4. 회개

· (약속안으로) 돌아오다, 회복하다

이 때부터 예수께서 비로소 전파하여 이르시되 회개하라 천국이 가까이 왔느니라 하시더라 (마4:17)

내가 의인을 부르러 온 것이 아니요 죄인을 불러 회개시키러 왔노라 (눅5:32)

베드로가 이르되 너희가 회개하여 각각 예수 그리스도의 이름으로 세례를 받고 죄 사함을 받으라 그리하면 성령의 선물을 받으리니 (행2:38)

이르시되 때가 찼고 하나님의 나라가 가까이 왔으니 회개하고 복음을 믿으라 하시더라 (막1:15)

그러므로 내가 스스로 받아들이고 티끌과 재 가운데서 회개하나이다 (욥42:6)

너희에게 이르노니 아니라 너희도 만일 회개하지 아니하면 다 이와 같이 망하리라 (눅13:5)

이스라엘에게 회개함과 죄 사함을 주시려고 그를 오른손으로 높이사 임금과 구주로 삼으셨느니라 (행5:31)

말씀이 이끄는 신앙

그러므로 너희가 회개하고 돌이켜 너희 죄 없이 함을 받으라 이같이 하면 새롭게 되는 날이 주 앞으로부터 이를 것이요 (행3:19)

거역하는 자를 온유함으로 훈계할지니 혹 하나님이 그들에게 회개함을 주사 진리를 알게 하실까 하며 (딤후2:25)

성령의 인도하심 따라

5. 세례

요한은 물로 세례를 베풀었으나 너희는 몇 날이 못되어 성령으로 세례를 받으리라 하셨느니라 (행1:5)

· 세례요한-물세례

자기들의 죄를 자복하고 요단강에서 그에게 세례를 받더니 (마3:6)

그러므로 회개에 합당한 열매를 맺고 (마3:8)

· 예수님-물세례

베드로가 이르되 너희가 회개하여 각각 예수 그리스도의 이름으로 세례를 받고 죄사함을 받으라 그리하면 성령의 선물을 받으리니 (행2:38)

· 성령세례

이에 두 사도가 그들에게 안수하매 성령을 받는지라 (행8:17)

5 그들이 듣고 주 예수의 이름으로 세례를 받으니
6 바울이 그들에게 안수하매 성령이 그들에게 임하시므로 방언도 하고 예언도 하니 (행19:5~6)

우리가 유대인이나 헬라인이나 종이나 자유인이나 다 한 성령으로 세례를 받아 한 몸이 되었고 또 한 성령을 마시게 하셨느니라 (고전12:13)

그러므로 너희는 가서 모든 민족을 제자로 삼아 아버지와 아들과 성령의 이름으로 세례를 베풀고 (마28:19)

베드로가 이 말을 할 때에 성령이 말씀 듣는 모든 사람에게 내려오시니 (행10:44)

• 물은 너희를 구원하는 표니 곧 세례라

물은 예수 그리스도께서 부활하심으로 말미암아 이제 너희를 구원하는 표니 곧 세례라 이는 육체의 더러운 것을 제하여 버림이 아니요 하나님을 향한 선한 양심의 간구니라 (벧전3:21)

너희가 세례로 그리스도와 함께 장사되고 또 죽은 자들 가운데서 그를 일으키신 하나님의 역사를 믿음으로 말미암아 그 안에서 함께 일으키심을 받았느니라 (골2:12)

성령의 인도하심 따라

6. 성령

· 진리의 성령
내가 아버지께로부터 너희에게 보낼 보혜사 곧 아버지께로부터 나오시는 진리의 성령이 오실 때에 그가 나를 증언하실 것이요 (요15:26)

---

13 그러나 진리의 성령이 오시면 그가 너희를 모든 진리 가운데로 인도하시리니 그가 스스로 말하지 않고 오직 들은 것을 말하며 장래 일을 너희에게 알리시리라
14 그가 내 영광을 나타내리니 내 것을 가지고 너희에게 알리시겠음이라 (요16:13~14)

· 지혜와 계시의 영
우리 주 예수 그리스도의 하나님, 영광의 아버지께서 지혜와 계시의 영을 너희에게 주사 하나님을 알게 하시고 (엡1:17)

· 성령의 충만함
1 오순절 날이 이미 이르매 그들이 다 같이 한곳에 모였더니
2 홀연히 하늘로부터 급하고 강한 바람 같은 소리가 있어 그들이 앉은 온 집에 가득하며
3 마치 불의 혀처럼 갈라지는 것들이 그들에게 보여 각 사람 위에 하나씩 임하여 있더니
4 그들이 다 성령의 충만함을 받고 성령이 말하게 하심을 따라 다른 언어들로 말하기를 시작하니라 (행2:1~4)

술 취하지 말라 이는 방탕한 것이니 오직 성령으로 충만함을 받으라 (엡5:18)

• 성령을 소멸하지 말라
성령을 소멸하지 말며 (살전5:19)

하나님의 성령을 근심하게 하지 말라 그 안에서 너희가 구원의 날까지 인치심을 받았느니라 (엡4:30)

그들이 반역하여 주의 성령을 근심하게 하였으므로 그가 돌이켜 그들의 대적이 되사 친히 그들을 치셨더니 (사63:10)

16 너희는 너희가 하나님의 성전인 것과 하나님의 성령이 너희 안에 계시는 것을 알지 못하느냐
17 누구든지 하나님의 성전을 더럽히면 하나님이 그 사람을 멸하시리라 하나님의 성전은 거룩하니 너희도 그러하니라 (고전3:16~17)

성령의 인도하심 따라

7. 거듭남

· 물과 성령으로 나다

3 예수께서 대답하여 이르시되 진실로 진실로 네게 이르노니 사람이 거듭나지 아니하면 하나님의 나라를 볼 수 없느니라
5 예수께서 대답하시되 진실로 진실로 네게 이르노니 사람이 물과 성령으로 나지 아니하면 하나님의 나라에 들어갈 수 없느니라 (요3:3, 5)

우리 주 예수 그리스도의 아버지 하나님을 찬송하리로다 그의 많으신 긍휼대로 예수 그리스도를 죽은 자 가운데서 부활하게 하심으로 말미암아 우리를 거듭나게 하사 산 소망이 있게 하시며 (벧전1:3)

예수께서 그리스도이심을 믿는 자 마다 하나님께로부터 난 자니 또한 낳으신 이를 사랑하는 자마다 그에게서 난 자를 사랑하느니라 (요일5:1)

볼지어다 내가 문밖에 서서 두드리노니 누구든지 내 음성을 듣고 문을 열면 내가 그에게로 들어가 그와 더불어 먹고 그는 나와 더불어 먹으리라 (계3:20)

17 그런즉 누구든지 그리스도 안에 있으면 새로운 피조물이라 이전 것은 지나갔으니 보라 새것이 되었도다
18 모든 것이 하나님께로서 났으며 그가 그리스도로 말미암아 우리를 자기와 화목하게 하시고 또 우리에게 화목하게 하는 직분을 주셨으니 (고후5:17~18)

성령의 인도하심 따라

8. 성령의 인도함을 받는 삶

보혜사 곧 아버지께서 내 이름으로 보내실 성령 그가 너희에게 모든 것을 가르치고 내가 너희에게 말한 모든 것을 생각나게 하리라 (요14:26)

예수께서 대답하여 이르시되 사람이 나를 사랑하면 내 말을 지키리니 내 아버지께서 그를 사랑하실 것이요 우리가 그에게 가서 거처를 그와 함께 하리라 (요14:23)

내 영혼을 소생시키시고 자기 이름을 위하여 의의 길로 인도하시는도다 (시23:3)

무릇 하나님의 영으로 인도함을 받는 사람은 곧 하나님의 아들이라 (롬8:14)

16 내가 이르노니 너희는 성령을 따라 행하라 그리하면 육체의 욕심을 이루지 아니하리라
18 너희가 만일 성령의 인도하시는 바가 되면 율법 아래에 있지 아니하리라 (갈5:16, 18)

사람이 마음으로 자기의 길을 계획할지라도 그의 걸음을 인도하시는 이는 여호와시니라 (잠16:9)

· 내 영을 만민에게 부어 주리니

28 그 후에 내 영을 만민에게 부어 주리니 너희 자녀들이 장래 일을 말할 것이며 너희 늙은 이는 꿈을 꾸며 너희 젊은 이는 이상을 볼 것이며
29 그 때에 내가 또 내 영을 남종과 여종에게 부어 주리니 (욜2:28~29)

---

10 하나님이여 내 속에 정한 마음을 창조하시고 내 안에 정직한 영을 새롭게 하소서
11 나를 주 앞에서 쫓아내지 마시며 주의 성령을 내게서 거두지 마소서 (시51:10~11)

내가 강림하여 거기서 너와 말하고 네게 임한 영을그들(백성의 장로와 지도자가 될 만한 자 칠십 명)에게도 임하게 하리니 그들이 너와 함께 백성의 짐을 담당하고 너 혼자 담당하지 아니하리라 (민11:17)

· 두려워하지 말라 놀라지 말라

두려워하지 말라 내가 너와 함께함이라 놀라지 말라 나는 네 하나님이 됨이라 내가 너를 굳세게 하리라 참으로 너를 도와 주리라 참으로 나의 의로운 오른손으로 너를 붙들리라 (사41:10)

· 그리스도의 사람이 아니라

만일 너희 속에 하나님의 영이 거하시면 나희가 육신에 있지 아니하고 영에 있나니 그리스도의 영이 없으면 그리스도의 사람이 아니라 (롬8:9)

성령의 인도하심 따라

9. 성령이 하나 되게 하신 것

3 평안의 매는 줄로 성령이 하나되게 하신 것을 힘써 지키라
4 몸이 하나요 성령도 한 분이시니 이와 같이 너희가 부르심의 한 소망 안에서 부르심을 받았느니라
5 주도 한 분이시요 믿음도 하나요 세례도 하나요
6 하나님도 한 분이시니 곧 만유의 아버지시라 만유 위에 계시고 만유를 통일하시고 만유 가운데 계시도다
7 우리 각 사람에게 그리스도의 선물의 분량대로 은혜를 주셨나니
11 그가 어떤 사람은 사도로, 어떤 사람은 선지자로, 어떤 사람은 복음 전하는 자로, 어떤 사람은 목사와 교사로 삼으셨으니
12 이는 성도를 온전하게 하여 봉사의 일을 하게 하며 그리스도의 몸을 세우려 하심이라
13 우리가 다 하나님의 아들을 믿는 것과 아는 일에 하나가 되어 온전한 사람을 이루어 그리스도의 장성한 분량이 충만한 데까지 이르리니
14 이는 우리가 이제부터 어린 아이가 되지 아니하여 사람의 속임수와 간사한 유혹에 빠져 온갖 교훈의 풍조에 밀려 요동하지 않게 하려 함이라
15 오직 사랑 안에서 참된 것을 하여 범사에 그에게까지 자랄지라 그는 머리니 곧 그리스도라
16 그에게서 온 몸이 각 마디를 통하여 도움을 받음으로 연결되고 결합되어 각 지체의 분량대로 역사하여 그 몸을 자라게 하며 사랑 안에서 스스로 세우느니라
(엡4:3~7, 11~16)

10. 예수님의 지상사역

• 가르치시며 전파하시며 고치시다

예수께서 온 갈릴리에 두루 다니사 그들의 회당에서 가르치시며 천국 복음을 전파하시며 백성 중의 모든 병과 모든 약한 것을 고치시니 (마4:23)

• 성령으로 잉태되시다

예수 그리스도의 나심은 이러하니라 그의 어머니 마리아가 요셉과 약혼하고 동거하기 전에 성령으로 잉태된 것이 나타나더니 (마1:18)

• 성령으로 세례를 받으시다

예수께서 세례를 받으시고 곧 물에서 올라오실새 하늘이 열리고 하나님의 성령이 비둘기 같이 내려 자기 위에 임하심을 보시더니 (마3:16)

• 성령에 이끌리어 마귀에게 시험을 받으시다

1 그 때에 예수께서 성령에게 이끌리어 마귀에게 시험을 받으러 광야로 가사
2 사십 일을 밤낮으로 금식하신 후에 주리신지라 (마4:1~2)

• 성령의 능력으로 공생애를 시작하시다

예수께서 성령의 능력으로 갈릴리에 돌아가시니 그 소문이 사방에 퍼졌고 (눅4:14)

• 삼위 하나님이 함께 하시다

하나님이 나사렛 예수에게 성령과 능력을 기름 붓듯 하셨으매 그가 두루 다니시며 선한 일을 행하시고 마귀에게 눌린 모든 사람을 고치셨으니 이는 하나님이 함께 하셨음이라 (행10:38)

그러나 내가 하나님의 성령을 힘입어 귀신을 쫓아내는 것이면 하나님의 나라가 이미 너희에게 임하였느니라 (마12:28)

• 성령으로 말미암아 흠 없는 자기를 하나님께 드리시다

하물며 영원하신 성령으로 말미암아 흠 없는 자기를 하나님께 드린 그리스도의 피가 어찌 너희 양심을 죽은 행실에서 깨끗하게 하고 살아계신 하나님을 섬기게 하지 못하겠느냐 (히9:14)

• 성결의 영으로 부활하시다

성결의 영으로는 죽은 자들 가운데서 부활하사 능력으로 하나님의 아들로 선포되셨으니 곧 우리 주 예수 그리스도시니라 (롬1:4)

• 살려 주는 영이 되시다

기록된 바 첫 사람 아담은 생령이 되었다 함과 같이 마지막 아담은 살려 주는 영이 되었나니 (고전15:45)

그가 또한 우리를 새 언약의 일꾼 되기에 만족하게 하셨으니 율법 조문으로 하지 아니하고 오직 영으로 함이니 율법 조문은 죽이는 것이요 영은 살리는 것이니라 (고후3:6)

성령의 인도하심 따라

11. 복음

하나님의 아들 예수 그리스도의 복음의 시작이라 (막1:1)

---

16 내가 복음을 부끄러워하지 아니하노니 이 복음은 모든 믿는 자에게 구원을 주시는 하나님의 능력이 됨이라 먼저는 유대인에게요 그리고 헬라인에게로다
17 복음에는 하나님의 의가 나타나서 믿음으로 믿음에 이르게 하나니 기록된 바 오직 의인은 믿음으로 말미암아 살리라 함과 같으니라 (롬1:16~17)

---

14 요한이 잡힌 후 예수께서 갈릴리에 오셔서 복음을 전파하여
15 이르시되 때가 찼고 하나님의 나라가 가까이 왔으니 회개하고 복음을 믿으라 하시더라 (막1:14~15)

---

6 또 보니 다른 천사가 공중에 날아가는데 땅에 거주하는 자들 곧 모든 민족과 종족과 방언과 백성에게 전할 영원한 복음을 가졌더라
7 그가 큰 음성으로 이르되 하나님을 두려워하며 그에게 영광을 돌리라 이는 그의 심판의 시간이 이르렀음이니 하늘과 땅과 바다와 물들의 근원을 만드신 이를 경배하라 하더라 (계14:6~7)

이 천국 복음이 모든 민족에게 증언되기 위하여 온 세상에 전파되리니 그제야 끝이 오리라 (마24:14)

---

22 이젠 그의 육체의 죽음으로 말미암아 화목하게 하사 너희를 거룩하고 흠 없고 책망할 것이 없는 자로 그 앞에 세우고자 하셨으니
23 만일 너희가 믿음에 거하고 터 위에 굳게 서서 너희 들은 바 복음의 소망에서 흔들리지 아니하면 그리하리라 이 복음은 천하 만민에게 전파된 바요 나 바울은 이 복음의 일꾼이 되었노라 (골1:22~23)

이르시되 여호와께서 이르시기를 내가 나를 가리켜 맹세하노니 네가 이같이 행하여 네 아들 네 독자도 아끼지 아니하였은즉 (창22:16)

• 복음이 곧 말씀

오직 주의 말씀은 세세토록 있도다 하였으니 너희에게 전한 복음이 곧 이 말씀이니라 (벧전1:25)

성령의 인도하심 따라

12. 복음 전파

너는 말씀을 전파하라 때를 얻든지 못 얻든지 항상 힘쓰라 범사에 오래 참음과 가르침으로 경책하며 경계하며 권하라 (딤후4:2)

그런즉 그들이 믿지 아니하는 이를 어찌 부르리요 듣지도 못한 이를 어찌 믿으리요 전파하는 자가 없이 어찌 들으리요 (롬10:14)

또 이르시되 너희는 온 천하에 다니며 만민에게 복음을 전파하라 (막16:15)

오직 성령이 너희에게 임하시면 너희가 권능을 받고 예루살렘과 온 유대와 사마리아와 땅끝까지 이르러 내 증인이 되리라 하시니라 (행1:8)

---

18 예수께서 나아와 말씀하여 이르시되 하늘과 땅의 모든 권세를 내게 주셨으니
19 그러므로 너희는 가서 모든 민족을 제자로 삼아 아버지와 아들과 성령의 이름으로 세례를 베풀고
20 내가 너희에게 분부한 모든 것을 가르쳐 지키게 하라 볼지어다 내가 세상 끝 날까지 너희와 항상 함께 있으리라 하시니라 (마28:18~20)

지혜있는 자는 궁창의 빛과 같이 빛날 것이요 많은 사람을 옳은 데로 돌아오게 한 자는 별과 같이 영원토록 빛나리라 (단12:3)

---

2 일어나 저 큰 성읍 니느웨로 가서 내가 네게 명한 바를 그들에게 선포하라 하신지라
4 요나가 그 성읍에 들어가서 하루 동안 다니며 외쳐 이르되 사십 일이 지나면 니느웨가 무너지리라 하였더니

6 그 일이 니느웨 왕에게 들리매 왕이 보좌에서 일어나 왕복을 벗고 굵은 베옷을 입고 재 위에 앉으니라 (욘3:2, 4, 6)

· 전도함은 성령의 나타나심과 능력으로 하여

4 내 말과 내 전도함이 설득력 있는 지혜의 말로 하지 아니하고 다만 성령의 나타나심과 능력으로 하여
5 너희 믿음이 사람의 지혜에 있지 아니하고 다만 하나님의 능력에 있게 하려 하였노라 (고전2:4~5)

성령의 인도하심 따라

13. 사울이 주님을 만나 바울이 되다

5 이에 대제사장과 모든 장로들이 내 증인이라 또 내가 그들에게서 다메섹 형제들에게 가는 공문을 받아 가지고 거기 있는 자들도 결박하여 예루살렘으로 끌어다가 형벌 받게 하려고 가더니
6 가는 중 다메섹에 가까이 갔을 때에 오정쯤 되어 홀연히 하늘로부터 큰 빛이 나를 둘러 비치매
7 내가 땅에 엎드러져 들으니 소리 있어 이르되 사울아 사울아 네가 왜 나를 박해하느냐 하거늘
8 내가 대답하되 주님 누구시니이까 하니 이르시되 나는 네가 박해하는 나사렛 예수라 하시더라
10 내가 이르되 주님 무엇을 하리이까 주께서 이르시되 일어나 다메섹으로 들어가라 네가 해야 할 모든 것을 거기서 누가 이르리라 하시거늘
21 나더러 또 이르시되 떠나가라 내가 너를 멀리 이방인에게로 보내리라 (행 22:5~8, 10, 21)

성령의 인도하심 따라

14. 믿음

· 믿음은 들음에서 나며

그러므로 믿음은 들음에서 나며 들음은 그리스도의 말씀으로 말미암았느니라 (롬10:17)

믿음의 결국 곧 영혼의 구원을 받음이라 (벧전1:9)

· 예수님의 믿음으로

내가 그리스도와 함께 십자가에 못 박혔나니 그런즉 이제는 내가 사는 것이 아니요 오직 내 안에 그리스도께서 사시는 것이라 이제 내가 육체 가운데 사는 것은 나를 사랑하사 나를 위하여 자기 자신을 버리신 하나님의 아들을 믿는 믿음 안에서 사는 것이라 (갈2:20)

· 믿음은 하나님의 선물

너희는 그 은혜에 의하여 믿음으로 구원을 받았으니 이것은 너희에게서 난 것이 아니요 하나님의 선물이라 (엡2:8)

· 의인은 믿음으로 살리라

보라 그의 마음은 교만하며 그 속에서 정직하지 못하나 의인은 그의 믿음으로 말미암아 살리라 (합2:4)

• 믿는 자

예수께서 이르시되 할 수 있거든이 무슨 말이냐 믿는 자에게는 능히 하지 못할 일이 없느니라 하시니 (막9:23)

---

16 믿고 세례를 받는 사람은 구원을 얻을 것이요 믿지 않는 사람은 정죄를 받으리라
17 믿는 자들에게는 이런 표적이 따르리니 곧 그들이 내 이름으로 귀신을 쫓아내며 새 방언을 말하며
18 뱀을 집어올리며 무슨 독을 마실지라도 해를 받지 아니하며 병든 사람에게 손을 얹은즉 나으리라 하시더라 (막16:16~18)

• 믿음에서 난 의

30 그런즉 우리가 무슨 말을 하리요 의를 따르지 아니한 이방인들이 의를 얻었으니 곧 믿음에서 난 의요
31 의의 법을 따라간 이스라엘은 율법에 이르지 못하였으니
32 어찌 그러하냐 이는 그들이 믿음을 의지하지 않고 행위를 의지함이라 부딪칠 돌에 부딪쳤느니라
33 기록된 바 보라 내가 걸림돌과 거치는 바위를 시온에 두노니 그를 믿는 자는 부끄러움을 당하지 아니하리라 함과 같으니라 (롬9:30~33)

• 행함이 없는 믿음은 죽은 것

14 내 형제들아 만일 사람이 믿음이 있노라 하고 행함이 없으면 무슨 유익이 있으리요 그 믿음이 능히 자기를 구원하겠느냐
15 만일 형제나 자매가 헐벗고 일용할 양식이 없는데
16 너희 중에 누구든지 그에게 이르되 평안히 가라, 덥게 하라, 배부르게 하라 하며 그 몸에 쓸 것을 주지 아니하면 무슨 유익이 있으리요
17 이와 같이 행함이 없는 믿음은 그 자체가 죽은 것이라 (약2:14~17)

• 믿음의 선진들

※ 히브리서 11장

15. 섬김

· 하나님을 경외함으로

여호와를 경외하는 것이 지식의 근본이어늘 미련한 자는 지혜와 훈계를 멸시하느니라 (잠1:7)

여호와를 경외함이 지혜의 근본이라 그의 계명을 지키는 자는 다 훌륭한 지각을 가진 자이니 여호와를 찬양함이 영원히 계속되리로다 (시111:10)

또 사람에게 말씀하셨도다 보라 주를 경외함이 지혜요 악을 떠남이 명철이니라 (욥28:28)

네 시대에 평안함이 있으며 구원과 지혜와 지식이 풍성할 것이니 여호와를 경외함이 네 보배니라 (사33:6)

내가 그들에게 복을 주기 위하여 그들을 떠나지 아니하리라 하는 영원한 언약을 그들에게 세우고 나를 경외함을 그들의 마음에 두어 나를 떠나지 않게 하고 (렘32:40)

여호와께서 자기를 경외하는 자들에게 양식을 주시며 그의 언약을 영원히 기억하시리로다 (시111:5)

사자가 이르시되 그 아이에게 네 손을 대지 말라 그에게 아무 일도 하지 말라 네가 네 아들 네 독자까지도 내게 아끼지 아니하였으니 내가 이제야 네가 하나님을 경외하는 줄을 아노라 (창22:12)

16. 구원

누구든지 주의 이름을 부르는 자는 구원을 받으리라 (롬10:13)

이르되 주 예수를 믿으라 그리하면 너와 네 집이 구원을 받으리라 하고 (행 16:31)

하나님이 세상을 이처럼 사랑하사 독생자를 주셨으니 이는 그를 믿는 자마다 멸망하지 않고 영생을 얻게 하려하심이라 (요3:16)

영생은 곧 유일하신 참 하나님과 그가 보내신 자 곧 예수 그리스도를 아는 것이니이다 (요17:3)

9 네가 만일 네 입으로 예수를 주로 시인하며 또 하나님께서 그를 죽은 자 가운데서 살리신 것을 네 마음에 믿으면 구원을 받으리라
10 사람이 마음으로 믿어 의에 이르고 입으로 시인하여 구원에 이르느니라 (롬 10:9~10)

믿음의 결국 곧 영혼의 구원을 받음이라 (벧전1:9)

내가 그들에게 영생을 주노니 영원히 멸망하지 아니할 것이요 또 그들을 내 손에서 빼앗을 자가 없느니라 (요10:28)

24 너희는 처음부터 들은 것을 너희 안에 거하게 하라 처음부터 들은 것이 너희 안에 거하면 너희가 아들과 아버지 안에 거하리라
25 그가 우리에게 약속하신 것은 이것이니 곧 영원한 생명이니라 (요일 2:24~25)

영접하는 자 곧 그 이름을 믿는 자들에게는 하나님의 자녀가 되는 권세를 주셨으니 (요1:12)

내가 진실로 진실로 너희에게 이르노니 내 말을 듣고 또 나 보내신 이를 믿는 자는 영생을 얻었고 심판에 이르지 아니하나니 사망에서 생명으로 옮겼느니라 (요 5:24)

땅의 모든 끝이여 내게로 돌이켜 구원을 받으라 나는 하나님이라 다른 이가 없느니라 (사45:22)

---

4 하나님은 모든 사람이 구원을 받으며 진리를 아는 데에 이르기를 원하시느니라
5 하나님은 한 분이시요 하나님과 사람 사이에 중보자도 한 분이시니 곧 사람이신 그리스도 예수라 (딤전2:4~5)

• 아버지의 뜻대로 행하는 자

나더러 주여 주여 하는 자마다 다 천국에 들어갈 것이 아니요 다만 하늘에 계신 내 아버지의 뜻대로 행하는 자라야 들어가리라 (마7:21)

너희는 말씀을 행하는 자가 되고 듣기만 하여 자신을 속이는 자가 되지 말라 (약 1:22)

성령의 인도하심 따라

17. 성경

· 하나님의 감동으로 된 것

16 모든 성경은 하나님의 감동으로 된 것으로 교훈과 책망과 바르게 함과 의로 교육하기에 유익하니
17 이는 하나님의 사람으로 온전하게 하며 모든 선한 일을 행할 능력을 갖추게 하려 함이라 (딤후3:16~17)

예언은 언제든지 사람의 뜻으로 낸 것이 아니요 오직 성령의 감동하심을 받은 사람들이 하나님께 받아 말한 것임이라 (벧후1:21)

하나님의 말씀은 살아있고 활력이 있어 좌우에 날선 어떤 검보다도 예리하여 혼과 영과 및 관절과 골수를 찔러 쪼개기까지 하며 또 마음의 생각과 뜻을 판단하나니 (히4:12)

· 예수님에 대하여 증언

너희가 성경에서 영생을 얻는 줄 생각하고 성경을 연구하거니와 이 성경이 곧 내게 대하여 증언하는 것이니라 (요5:39)

· 계시의 책

먼저 알 것은 성경의 모든 예언은 사사로이 풀 것이 아니니 (벧후1:20)

또 그 모든 편지에도 이런 일에 관하여 말하였으되 그 중에 알기 어려운 것이 더러 있으니 무식한 자들과 굳세지 못한 자들이 다른 성경과 같이 그것도 억지로 풀다가 멸망에 이르느니라 (벧후3:16)

• 하나님을 알게 되리니

1 내 아들아 네가 만일 나의 말을 받으며 나의 계명을 네게 간직하며
2 네 귀를 지혜에 기울이며 네 마음을 명철에 두며
3 지식을 불러 구하며 명철을 얻으려고 소리를 높이며
4 은을 구하는 것같이 그것을 구하며 감추어진 보배를 찾는 것같이 그것을 찾으면
5 여호와 경외하기를 깨달으며 하나님을 알게 되리니 (잠2:1~5)

하나님과 우리 주 예수를 앎으로 은혜와 평강이 너희에게 더욱 많을지어다 (벧후1:2)

• 말씀의 능력

내게 능력 주시는 자 안에서 내가 모든 것을 할 수 있느니라 (빌 4:13)

• 말씀을 더하거나 말씀에서 제하여 버리면

18 내가 이 두루마리의 예언의 말씀을 듣는 모든 사람에게 증언하노니 만일 누구든지 이것들 외에 더하면 하나님이 이 두루마리에 기록된 재앙들을 그에게 더하실 것이요
19 만일 누구든지 이 두루마리의 예언의 말씀에서 제하여 버리면 하나님이 이 두루마리에 기록된 생명나무와 및 거룩한 성에 참여함을 제하여 버리시리라 (계22:18~19)

성령의 인도하심 따라

18. 진리

그들을 진리로 거룩하게 하옵소서 아버지의 말씀은 진리니이다 (요17:17)

예수께서 이르시되 내가 곧 길이요 진리요 생명이니 나로 말미암지 않고는 아버지께로 올 자가 없느니라 (요14:6)

이는 물과 피로 임하신 이시니 곧 예수그리스도시라 물로만 아니요 물과 피로 임하셨고 증언하는 이는 성령이시니 성령은 진리니라 (요이5:6)

• 진리가 너희를 자유롭게 하리라
31 그러므로 예수께서 자기를 믿은 유대인들에게 이르시되 너희가 내 말에 거하면 참으로 내 제자가 되고
32 진리를 알지니 진리가 너희를 자유롭게 하리라
36 그러므로 아들이 너희를 자유롭게 하면 너희가 참으로 자유로우리라 (요 8:31~32, 36)

성령의 인도하심 따라

19. 십자가의 도

십자가의 도가 멸망하는 자들에게는 미련한 것이요 구원을 받는 우리에게는 하나님의 능력이라 (고전1:18)

14 그리스도의 사랑이 우리를 강권하시는도다 우리가 생각하건대 한 사람이 모든 사람을 대신하여 죽었은즉 모든 사람이 죽은 것이라
15 그가 모든 사람을 대신하여 죽으심은 살아있는 자들로 하여금 다시는 그들 자신을 위하여 살지 않고 오직 그들을 대신하여 죽었다가 다시 살아나신 이를 위하여 살게 하려 함이라 (고후5:14~15)

친히 나무에 달려 그 몸으로 우리 죄를 담당하셨으니 이는 우리로 죄에 대하여는 죽고 의에 대하여 살게 하심이라 그가 채찍에 맞으로 너희는 나음을 얻었나니 (벧전2:24)

5 그가 찔림은 우리의 허물 때문이요 그가 상함은 우리의 죄악 때문이라 그가 징계를 받으므로 우리는 평화를 누리고 그가 채찍에 맞으로 우리는 나음을 받았도다
6 우리는 다 양 같아서 그릇 행하여 각기 제길로 갔거늘 여호와께서는 우리 모두의 죄악을 그에게 담당시키셨도다 (사53:5~6)

오직 점 없고 흠 없는 어린양 같은 그리스도의 보배로운 피로 된 것이니라 (벧전1:19)

그런즉 한 범죄로 많은 사람이 정죄에 이른 것 같이 한 의로운 행위로 말미암아 많은 사람이 의롭다 하심을 받아 생명에 이르렀느니라 (롬5:18)

염소와 송아지의 피로 하지 아니하고 오직 자기의 피로 영원한 속죄를 이루사 단번에 성소에 들어가셨느니라 (히9:12)

그의 십자가의 피로 화평을 이루사 만물 곧 땅에 있는 것들이나 하늘에 있는 것들이 그로 말미암아 자기와 화목하게 되기를 기뻐하심이라 (골1:20)

또 십자가로 이 둘을 한 몸으로 하나님과 화목하게 하려 하심이라 원수 된 것을 십자가로 소멸하시고 (엡2:16)

20. 이기는 자

예수께서 하나님의 아들이심을 믿는 자가 아니면 세상을 이기는 자가 누구냐 (요일5:5)

무릇 하나님께로부터 난 자마다 세상을 이기느니라 세상을 이기는 승리는 이것이니 우리의 믿음이니라 (요일5:4)

항상 우리를 그리스도 안에서 이기게 하시고 우리로 말미암아 각처에서 그리스도를 아는 냄새를 나타내시는 하나님께 감사하노라 (고후2:14)

이기는 사람 곧 내 일을 끝까지 지키는 사람에게는 민족들을 다스리는 권세를 주겠다 (계2:26 새 번역성경)

귀 있는 자는 성령이 교회들에게 하시는 말씀을 들을지어다 이기는 그에게는 내가 하나님의 낙원에 있는 생명나무의 열매를 주어 먹게하리라 (계2:7)

귀 있는 자는 성령이 교회들에게 하시는 말씀을 들을지어다 이기는 자는 둘째 사망의 해를 받지 아니하리라 (계2:11)

이기는 자는 이와 같이 흰옷을 입을 것이요 내가 그 이름을 생명책에서 결코 지우지 아니하고 그 이름을 내 아버지 앞과 그의 천사들 앞에서 시인하리라 (계3:5)

성령의 인도하심 따라

이기는 그에게는 내가 내 보좌에 함께 앉게 하여 주기를 내가 이기고 아버지 보좌에 함께 앉은 것과 같이 하리라 (계3:21)

또 참으로 나와 멍에를 같이한 네게 구하노니 복음에 나와 함께 힘쓰던 저 여인들을 돕고 또한 글레멘드와 그 외에 나의 동역자들을 도우라 그 이름들이 생명책에 있느니라 (빌4:3)

무엇이든지 속된 것이나 가증한 일 또는 거짓말 하는 자는 결코 그리로 들어가지 못하되 오직 어린양의 생명책에 기록된 자들만 들어가리라 (계21:27)

성령의 인도하심 따라

21. 사랑

하나님이 우리를 사랑하시는 사랑을 우리가 알고 믿었노니 하나님은 사랑이시라 사랑 안에 거하는 자는 하나님 안에 거하고 하나님도 그의 안에 거하시느니라 (요일4:16)

사랑하는 자들아 우리가 서로 사랑하자 사랑은 하나님께 속한 것이니 사랑하는 자마다 하나님으로부터 나서 하나님을 알고 (요일4:7)

소망이 우리를 부끄럽게 하지 아니함은 우리에게 주신 성령으로 말미암아 하나님의 사랑이 우리 마음에 부은 바 됨이니 (롬5:5)

또 사랑은 이것이니 우리가 그 계명을 따라 행하는 것이요 계명은 이것이니 너희가 처음부터 들은 바와 같이 그 가운데서 행하라 하심이라 (요이1:6)

하나님을 사랑하는 것은 이것이니 우리가 그의 계명들을 지키는 것이라 그의 계명들은 무거운 것이 아니로다 (요일5:3)

사랑은 여기 있으니 우리가 하나님을 사랑한 것이 아니요 하나님이 우리를 사랑하사 우리 죄를 속하기 위하여 화목 제물로 그 아들을 보내셨음이라 (요일4:10)

나의 계명을 지키는 자라야 나를 사랑하는 자니 나를 사랑하는 자는 내 아버지께 사랑을 받을 것이요 나도 그를 사랑하여 그에게 나를 나타내리라 (요14:21)

무엇보다도 뜨겁게 서로 사랑할지니 사랑은 허다한 죄를 덮느니라 (벧전4:8)

미움은 다툼을 일으켜도 사랑은 모든 허물을 가리느니라 (잠10:12)

그런즉 믿음, 소망, 사랑, 이 세 가지는 항상 있을 것인데 그 중의 제일은 사랑이라 (고전13:13)

사랑은 이웃에게 악을 행하지 아니하나니 그러므로 사랑은 율법의 완성이니라 (롬13:10)

유월절 전에 예수께서 자기가 세상을 떠나 아버지께로 돌아가실 때가 이른 줄 아시고 세상에 있는 자기 사람들을 사랑하시되 끝까지 사랑하시니라 (요13:1)

우리가 아직 죄인 되었을 때에 그리스도께서 우리를 위하여 죽으심으로 하나님께서 우리에 대한 자기의 사랑을 확증하셨느니라 (롬5:8)

다시는 너를 버림 받은 자라 부르지 아니하며 다시는 네 땅을 황무지라 부르지 아니하고 오직 너를 헵시바라 하며 네 땅을 쁄라라 하리니 이는 여호와께서 너를 기뻐하실 것이며 내 땅이 결혼한 깃저림 될 깃임이라 (사62:4)

성령의 인도하심 따라

22. 가장 큰 계명

37 예수께서 이르시되 네 마음을 다하고 목숨을 다하고 뜻을 다하여 주 너의 하나님을 사랑하라 하셨으니
38 이것이 크고 첫째되는 계명이요
39 둘째도 그와 같으니 네 이웃을 네 자신같이 사랑하라 하셨으니
40 이 두 계명이 온 율법과 선지자의 강령이니라 (마22:37~40)

성령의 인도하심 따라

23. 자기를 부인하고

이에 예수께서 제자들에게 이르시되 누구든지 나를 따라오려거든 자기를 부인하고 자기 십자가를 지고 나를 따를 것이니라 (마16:24)

24. 나는 포도나무요
너희는 가지라

1 나는 참포도나무요 내 아버지는 농부라
2 무릇 내게 붙어 있어 열매를 맺지 아니하는 가지는 아버지께서 그것을 제거해 버리시고 무릇 열매를 맺는 가지는 더 열매를 맺게 하려 하여 그것을 깨끗하게 하시느니라
5 나는 포도나무요 너희는 가지라 그가 내 안에, 내가 그 안에 거하면 사람이 열매를 많이 맺나니 나를 떠나서는 너희가 아무 것도 할 수 없음이라
10 내가 아버지의 계명을 지켜 그의 사랑 안에 거하는 것 같이 너희도 내 계명을 지키면 내 사랑 안에 거하리라
12 내 계명은 곧 내가 너희를 사랑한 것같이 너희도 서로 사랑하라 하는 이것이니라
14 너희는 내가 명하는 대로 행하면 곧 나의 친구라 (요15:1~14)

성령의 인도하심 따라

25. 잃은 아들을 되찾은 아버지 비유

12 그 둘째가 아버지에게 말하되 아버지여 재산 중에서 내게 돌아올 분깃을 내게 주소서 하는지라 아버지가 그 살림을 각각 나눠 주었더니
13 그 후 며칠이 안 되어 둘째 아들이 재물을 다 모아 가지고 먼 나라에 가 거기서 허랑방탕하여 그 재산을 낭비하더니
16 그가 돼지 먹는 쥐엄 열매로 배를 채우고자 하되 주는 자가 없는지라
17 이에 스스로 돌이켜 이르되 내 아버지에게는 양식이 풍족한 품꾼이 얼마나 많은가 나는 여기서 주려 죽는구나
18 내가 일어나 아버지께 가서 이르기를 아버지 내가 하늘과 아버지께 죄를 지었사오니
20 이에 일어나 아버지께로 돌아가니라 아직도 거리가 먼데 아버지가 그를 보고 측은히 여겨 달려가 목을 안고 입을 맞추니
22 아버지는 종들에게 이르되 제일 좋은 옷을 내어다가 입히고 손에 가락지를 끼우고 발에 신을 신기라
24 이 내 아들은 죽었다가 다시 살아났으며 내가 잃었다가 다시 얻었노라 하니 그들이 즐거워 하더라
28 그가 노하여 들어가고자 하지 아니하거늘 아버지가 나와서 권한대
32 이 네 동생은 죽었다가 살아났으며 내가 잃었다가 얻었기로 우리가 즐거워하고 기뻐하는 것이 마땅하다 하니라 (눅15:12~32)

성령의 인도하심 따라

26. 에녹과 요셉

· 하나님과 동행

21 에녹은 육십오 세에 므두셀라를 낳았고
22 므두셀라를 낳은 후 삼백 년을 하나님과 동행하며 자녀들을 낳았으며
23 그는 삼백육십오 세를 살았더라
24 에녹이 하나님과 동행하더니 하나님이 그를 데려가시므로 세상에 있지 아니하였더라 (창5:21~24)

· 하나님이 함께하심

2 여호와께서 요셉과 함께 하시므로 그가 형통한 자가 되어 그의 주인 애굽 사람의 집에 있으니
3 그의 주인이 여호와께서 그와 함께 하심을 보며 또 여호와께서 그의 범사에 형통하게 하심을 보았더라 (창39:2~3)

당신들이 나를 이곳에 팔았다고 해서 근심하지 마소서 한탄하지 마소서 하나님이 생명을 구원하시려고 나를 당신들 보다 먼저 보내셨나이다 (창45:5)

성령의 인도하심 따라

27. 비판하지 말라

비판하지 말라 그리하면 너희가 비판을 받지 않을 것이요 정죄하지 말라 그리하면 너희가 정죄를 받지 않을 것이요 용서하라 그리하면 너희가 용서를 받을 것이요 (눅6:37)

1 비판을 받지 아니하려거든 비판하지 말라
2 너희가 비판하는 그 비판으로 너희가 비판을 받을 것이요 너희가 헤아리는 그 헤아림으로 너희가 헤아림을 받을 것이니라
3 어찌하여 형제의 눈 속에 있는 들보는 깨닫지 못하느냐 (마7:1~3)

· 하나님의 심판

1 그러므로 남을 판단하는 사람아, 누구를 막론하고 네가 핑계하지 못할 것은 남을 판단하는 것으로 네가 너를 정죄함이니 판단하는 네가 같은 일을 행함이니라
2 이런 일을 행하는 자에게 하나님의 심판이 진리대로 되는 줄 우리가 아노라
3 이런 일을 행하는 자를 판단하고도 같은 일을 행하는 사람아, 네가 하나님의 심판을 피할 줄로 생각하느냐 (롬2:1~3)

· 서로 비방하지 말라

11 형제들아 서로 비방하지 말라 형제를 비방하는 자나 형제를 판단한 자는 곧 율법을 비방하고 율법을 판단하는 것이라 네가 만일 율법을 판단하면 율법의 준행자가 아니요 재판관이로다
12 입법자와 재판관은 오직 한 분이시니 능히 구원하기도 하시며 멸하기도 하시느니라 너는 누구이기에 네 이웃을 판단하느냐 (약4:11~12)

성령의 인도하심 따라

28. 올바른 지식을 따른 것이 아니니라

1 형제들아 내 마음에 원하는 바와 하나님께 구하는 바는 이스라엘을 위함이니 곧 그들로 구원을 받게 함이라
2 내가 증언하노니 그들이 하나님께 열심이 있으나 올바른 지식을 따른 것이 아니니라
3 하나님의 의를 모르고 자기 의를 세우려고 힘써 하나님의 의에 복종하지 아니하였느니라
4 그리스도는 모든 믿는 자에게 의를 이루기 위하여 율법의 마침이 되시니라
(롬10:1~4)

성령의 인도하심 따라

29. 부활

20 그러나 우리의 시민권은 하늘에 있는지라 거기로부터 구원하는 자 곧 예수 그리스도를 기다리노니
21 그는 만물을 자기에게 복종하게 하실 수 있는 자의 역사로 우리의 낮은 몸을 자기의 영광의 몸의 형체와 같이 변하게 하시리라 (빌3:20~21)

44 육의 몸으로 심고 신령한 몸으로 다시 살아나나니 육의 몸이 있은즉 또 영의 몸도 있느니라
49 우리가 흙에 속한 자의 형상을 입은 것같이 또한 하늘에 속한 이의 형상을 입으리라
51 보라 내가 너희에게 비밀을 말하노니 우리가 다 잠잘 것이 아니요 마지막 나팔에 순식간에 홀연히 다 변화되리라
52 나팔 소리가 나매 죽은 자들이 썩지 아니할 것으로 다시 살아나고 우리도 변화되리라 (고전15:44, 49, 51~52)

성령의 인도하심 따라

30. 재림

보라 내가 도둑같이 오리니 누구든지 깨어 자기 옷을 지켜 벌거벗고 다니지 아니하며 자기의 부끄러움을 보이지 아니하는 자는 복이 있도다 (계16:15)

가서 너희를 위하여 거처를 예비하면 내가 다시 와서 너희를 내게로 영접하여 나 있는 곳에 너희도 있게 하리라 (요14:3)

• 그날과 그때는 아버지만 아시느니라

그러나 그날과 그때는 아무도 모르나니 하늘의 천사들도, 아들도 모르고 오직 아버지만 아시느니라 (마24:36)

볼지어다 그가 구름을 타고 오시리라 각 사람의 눈이 그를 보겠고 그를 찌른 자들도 볼 것이요 땅에 있는 모든 족속이 그로 말미암아 애곡하리니 그러하리라 아멘 (계1:7)

이르되 갈릴리 사람들아 어찌하여 서서 하늘을 쳐다보느냐 너희 가운데서 하늘로 올려지신 이 예수는 하늘로 가심을 본 그대로 오시리라 하였느니라 (행1:11)

• 인자가 오는 것을 보리라

29 그날 환난 후에 즉시 해가 어두워지며 달이 빛을 내지 아니하며 별들이 하늘에서 떨어지며 하늘의 권능들이 흔들리리라
30 그때에 인자의 징조가 하늘에서 보이겠고 그때에 땅의 모든 족속들이 통곡하며 그들이 인자가 구름을 타고 능력과 큰 영광으로 오는 것을 보리라 (마24:29~30)

11 불의를 행하는 자는 그대로 불의를 행하고 더러운 자는 그대로 더럽고 의로운 자는 그대로 의를 행하고 거룩한 자는 그대로 거룩하게 하라
12 보라 내가 속히 오리니 내가 줄 상이 내게 있어 각 사람에게 그가 행한대로 갚아주리라 (계22:11~12)

16 주께서 호령과 천사장의 소리와 하나님의 나팔소리로 친히 하늘로부터 강림하시리니 그리스도 안에서 죽은 자들이 먼저 일어나고
17 그 후에 우리 살아남은 자들도 그들과 함께 구름 속으로 끌어 올려 공중에서 주를 영접하게 하시리니 그리하여 우리가 항상 주와 함께 있으리라 (살전 4:16~17)